SOMMAIRE

LA PEINTURE À L'HUILE

Peindre à l'huile, c'est se connecter immédiatement à la grande histoire de la peinture. Les origines de cette peinture remontent à l'Europe de la Renaissance. Au fil des siècles, elle s'est imposée comme la technique privilégiée de la peinture occidentale, de part sa richesse de texture et sa profondeur de couleur.

Pour vous en convaincre, pensez à quelques peintures célèbres, ou que vous appréciez particulièrement. Il y a de très fortes chances qu'elles aient toutes été réalisées à l'huile !

Nous avons conçu ce livre pour vous accompagner dans la découverte de cette technique fascinante. En découvrant quelques notions clés, vous comprendrez les bases et serez en mesure de vous faire plaisir rapidement avec vos premières réalisations.

LES OUTILS

La peinture à l'huile est une discipline des plus anciennes et la plus pratiquée. Depuis ses origines, les artistes ont développé des savoir-faire extrêmement variés. Elle offre donc aujourd'hui une infinité de possibilités graphiques et tout autant d'outils pour la manier. Dans ce livre, nous vous proposons de nous concentrer sur les plus essentiels.

La peinture

La peinture à l'huile est composée de pigments broyés dans une huile siccative (qui peut sécher et durcir au contact de l'air), comme l'huile de lin. Ce mélange créer une pâte épaisse, onctueuse et souple, que vous retrouvez directement dans vos tubes. Elle est disponible dans une large gamme de couleurs et de finitions.
Cependant, nous n'utiliserons dans cet ouvrage que 5 couleurs : le blanc, le noir, le rouge, le bleu et le jaune.

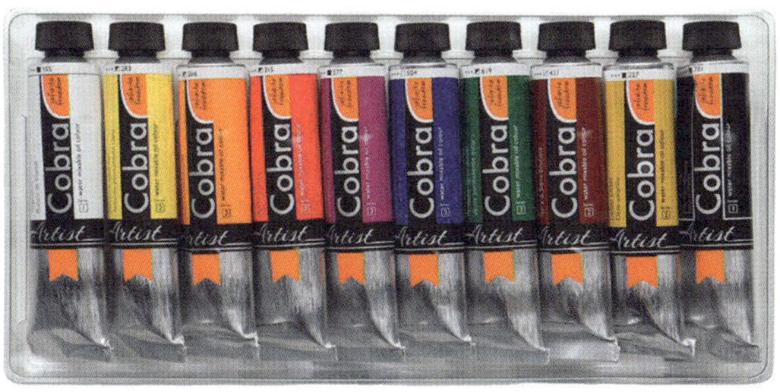

Les pinceaux

Leur forme et taille varient en fonction de l'effet désiré. Selon leur qualité, ils retiendront plus ou moins bien la peinture et permettront une application plus ou moins précise. Adaptez-les à votre budget, n'oubliez pas que pour découvrir les bases, pas besoin de se ruiner !

Les pinceaux ronds

Parfaits pour les détails précis, les hachures, les lignes fines et les travaux de précision.

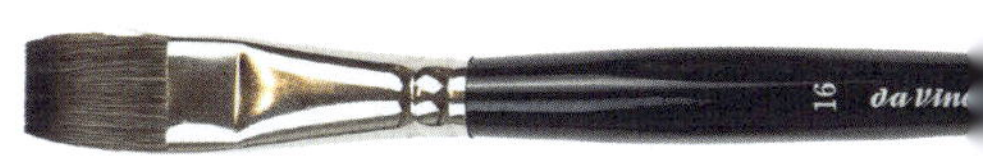

Les pinceaux plats

Pour les aplats de couleur, les zones larges, les lissages et les techniques d'empâtement.

Les poils souples

Idéals pour les glacis, les lavis, les dégradés subtils et les effets de fondu.

Le matériel complémentaire

Les solvants

L'essence de térébenthine ou le white-spirit sont utilisés pour diluer la peinture, nettoyer les pinceaux et dissoudre les taches de peinture. Ils sont toxiques et inflammables, il est donc important de les utiliser avec précaution et dans un espace bien ventilé.

Les médiums

Ils permettent de modifier les propriétés de la peinture, comme sa fluidité, son temps de séchage ou son aspect. Il existe une grande variété de médiums disponibles, certains peuvent même remplacer les solvants. Ils ne sont pas indispensables au départ, mais peuvent être très utiles selon vos besoins.

Les vernis

C'est une couche protectrice appliquée sur la peinture une fois qu'elle est complètement sèche. Ils permettent de protéger la peinture de la poussière, de l'humidité et des rayons UV.

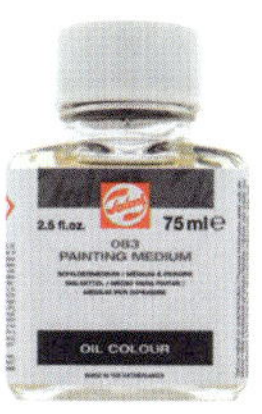

Les couteaux

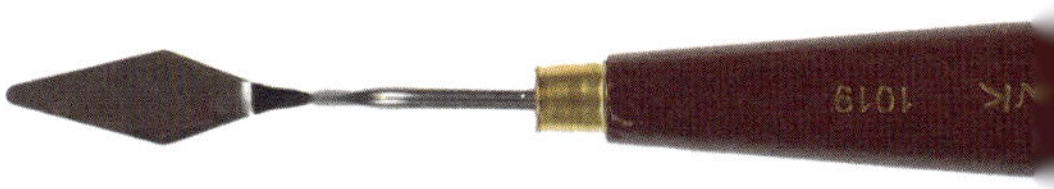

Les couteaux à palette

Ils ont une lame large et flexible idéale pour appliquer des aplats de couleur et pour racler la peinture sur la toile.

Les couteaux à glacer

Leur lame fine et souple est parfaite pour appliquer des glacis et des couches fines de peinture.

Les couteaux à impasto

Leur lame épaisse et rigide est utile pour créer des effets de relief et d'empâtement.

LES SUPPORTS

La toile est le support le plus courant pour la peinture à l'huile, mais, en réalité, elle peut être appliquée presque sur tout : le papier, le bois, le métal et même le verre. Nous utiliserons principalement le papier comme support dans les différents exercices de ce livre.

La toile
C'est le support le plus polyvalent pour la peinture à l'huile. Elle peut être fabriquée en fibres naturelles comme le lin, le coton ou le chanvre, ou encore en fibres synthétiques comme le polyester.

Résistante et durable, la toile convient à des créations de toutes tailles et de tous styles. Elle permet d'appliquer de nombreuses couches de peinture sans se déformer et existe en différentes textures, fine ou grainée, pour jouer sur les effets.

Le bois
Brut ou traité avec un apprêt ou du gesso, il offre une surface rigide idéale pour des couches épaisses de peinture. Attention toutefois : une préparation minutieuse est nécessaire pour éviter les craquelures de la peinture. Le bois peut également se déformer avec les changements de température et l'humidité.

Le papier
Moins onéreux que la toile, il est parfait pour les esquisses, études et petits formats. Disponible en différents grammages et textures, il permet une application rapide et fluide de la peinture.

Cependant, moins résistant que la toile, il convient moins aux grandes œuvres ou aux techniques nécessitant de nombreuses couches de peinture. Le papier peut également se gondoler avec l'humidité et peut nécessiter d'être fixé sur un support rigide avant utilisation.

Préparer son support

La préparation du support est pour certains une étape essentielle avant de commencer à peindre à l'huile. Ce n'est pas indispensable, surtout pour débuter. Néanmoins, cela permet de créer une surface lisse, uniforme et avec de l'adhérence qui favorisera une bonne application de la peinture et une meilleure conservation de l'œuvre dans le temps. Les étapes de la préparation varient en fonction du support choisi. Voici comment préparer une toile.

Dégraissez la toile. Frottez la toile avec un chiffon propre imbibé d'alcool à 90° pour éliminer les éventuelles traces de graisse ou de poussière.

Appliquer un apprêt (facultatif)
L'apprêt permet de rendre la toile plus rigide et d'améliorer l'adhérence de la peinture. Appliquez une couche d'apprêt acrylique ou à base de colle de peau diluée dans l'eau, en utilisant un pinceau large. Laissez sécher complètement l'apprêt avant de passer à l'étape suivante.

Appliquer un gesso
Le gesso est une couche d'enduit qui crée une surface blanche, lisse et uniforme. Appliquez une à deux couches en utilisant un pinceau large ou une spatule. Laissez sécher chaque couche complètement avant d'appliquer la suivante.

Poncez légèrement la surface du gesso avec du papier de verre fin pour obtenir une surface parfaitement lisse. Dépoussiérez soigneusement la toile avant de commencer à peindre.

LES GESTES

En peinture comme en dessin, l'usage du corps ne se limite pas à la simple tenue du pinceau. Cet aspect technique est souvent négligé lorsqu'on débute, pourtant c'est l'une des premières choses à améliorer pour progresser. Loin d'être statiques, vos gestes doivent être plus ou moins dynamiques selon la texture de la peinture, la taille du support et l'effet recherché.

Voici quelques exemples :

- un geste ample et fluide permet de tracer de larges aplats ou de créer des effets de fondu ;
- un geste précis et minutieux vous permettra de chercher les détails et les contours fins ;
- un geste rapide et énergique donnera du rythme et de la spontanéité à vos rendus ;
- un geste lent et réfléchi permet de travailler les nuances et les textures avec finesse.

Les bras, les mains, les épaules, le dos... le corps tout entier entre en jeu et contribue à votre expression artistique. Si vous observez les gestes d'un peintre expérimenté, vous apprendrez beaucoup sur son style et sa technique. Chaque coup de pinceau est chargé d'une énergie particulière et la peinture finale est la somme de tous ces gestes.

LA THÉORIE

Voici une liste non exhaustive des caractéristiques de la peinture à l'huile. Nous les aborderons plus en détails dans les différents exercices du livre, mais cette page pourra vous servir de piqûre de rappel !

- Le séchage est lent. La peinture à l'huile ne sèche pas par évaporation, mais par oxydation. Ce processus peut prendre de quelques jours à plusieurs semaines, selon l'épaisseur des couches et la composition de la peinture.
- Il est possible de se corriger. Comme elle sèche lentement, la peinture à l'huile est facile à corriger. On peut retravailler les détails, atténuer les couleurs ou recouvrir des zones entières sans que cela se remarque.
- Elle peut se travailler par couches successives. Chaque couche doit être bien sèche avant d'appliquer la suivante.
- Elle peut être diluée. L'essence de térébenthine ou le white-spirit permettent de diluer la matière et d'appliquer des couches moins chargées en huile.
- On travaille en gras sur maigre. Chaque couche de peinture appliquée doit être légèrement plus riche en huile que la précédente. Ainsi, les couches superficielles, plus grasses, sèchent plus lentement que les couches inférieures, plus maigres, ce qui évite les craquelures.
- Elle est versatile. La peinture à l'huile offre une grande variété de techniques et d'effets. On peut l'utiliser en glacis, en empâtement, avec des jus... Elle permet de réaliser toutes sortes d'images, sur tous types de supports.

LA PRATIQUE

Les principes théoriques sont simples à comprendre, pourtant, la peinture à l'huile peut être intimidante pour les débutants. Sa texture grasse est à la fois un avantage et un inconvénient. Les pinceaux doivent être nettoyés régulièrement avec du solvant, comme l'essence de térébenthine ou le white-spirit, pour éviter qu'ils ne durcissent. De plus, les mains et les vêtements doivent être protégés des taches de peinture, qui peuvent être difficiles à enlever. Travaillez dans un espace bien ventilé et habillez-vous en conséquence.

Lorsque vous commencez à peindre, vous pourrez rapidement créer des effets de texture et de profondeur très riches, mais il se peut qu'elle vous semble également difficile à manier.

La peinture à l'huile est une technique artistique exigeante, mais elle peut être incroyablement gratifiante. Avec de la pratique et un peu de patience, vous serez rapidement un expert !

NOTION N°1

LE MÉLANGE

C'est certainement la notion la plus importante à maîtriser pour se lancer dans la peinture à l'huile. Les couleurs sont assez faciles à mélanger en soit, mais le dosage est plus subtile à appréhender.

Vous avez peut-être déjà vu des palettes de peintre recouvertes de couleurs, sur de multiples épaisseurs. Mais avant de surcharger vos palettes, nous vous encourageons très vivement à vous limiter à la quantité nécessaire et aux couleurs que vous êtes susceptibles d'utiliser uniquement.

Pour simplifier les choses et bien comprendre comment fonctionnent les couleurs, nous n'utiliserons que les 3 couleurs primaires (le bleu, le rouge, et le jaune), ainsi que du blanc et du noir. Avec elles, nous pourrons recréer quasiment l'ensemble des couleurs connues.

EXERCICE N°1

Créer une couleur

L'objectif de cet exercice est de vous familiariser avec votre palette et le mélange des couleurs.

1. Pour commencer, positionnez les couleurs sur le bord de votre palette, en laissant suffisamment d'espace entre elles pour pouvoir les mélanger. Préparez également un petit pot avec votre solvant.

2. Choisissez une teinte. Imprégnez votre pinceau et étirez la couleur vers le centre de la palette. Choisissez une autre couleur, et faites de même, de sorte à réunir l'autre couleur au milieu de la palette. Mélangez les deux tons jusqu'à obtenir une couleur homogène.

3. Essayez de reproduire ce mélange, mais cette fois, directement sur votre support. La peinture est encore fraîche, il suffit de la récupérer avec le pinceau et de la déposer sur le papier.

EXERCICE N°2

Peindre une orange

On a souvent tendance à associer une couleur déterminée à un objet donné. Le ciel est bleu, les arbres sont verts, les oranges sont orange. La réalité est un peu plus complexe : il n'y a pas de couleur exacte et les objets sont composés d'un grand nombre de tonalités. Voici un petit exercice pour vous familiariser avec les nuances.

1. Commencez par dessiner l'orange avec une teinte violette. Vous pouvez également positionner l'ombre portée.

2. Comme sur l'exemple, peignez l'orange en gardant en réserve une partie qui nous servira pour peindre l'ombre comme un croissant de lune.

3. Avec la couleur violette sombre de départ, remplissez le croissant.

4. Désormais, comme sur l'exercice précédent, faites rejoindre les deux couleurs pour créer un dégradé et donner le volume à la forme. Comme vous le voyez, cette orange est orange, mais nous avons créé la couleur de son ombre grâce à du violet !

NOTION N°2

LE COUP DE PINCEAU

« Comment a fait Van Gogh pour peindre tous ces traits ? » C'est une question que nous avons beaucoup entendue de la part des débutants. La réponse est pourtant très simple : il les a peintes ! Chaque trace apparente sur une toile et le résultat de l'application de la peinture avec un outil, quel qu'il soit. Vous pouvez appliquer de la peinture avec n'importe quoi : vos doigts, des objets, du carton... Mais un pinceau permet déjà un très grand nombre d'effets, et il existe une grande variété de pinceaux.

Les caractéristiques de vos coups de pinceau peuvent varier selon la densité de peinture, la capacité du pinceau à étaler la couleur et l'état des couches précédentes. Vous pourrez ainsi fusionner vos couleurs, ou au contraire les superposer. Explorer toutes ces possibilités vous permettra d'enrichir rapidement votre expression graphique.

EXERCICE N°3

Explorer les traces

La peinture à l'huile est onctueuse, elle peut être très facilement modelée. Le pinceau imprégné de peinture peut intervenir de différentes façons sur le support et faire apparaître toute sorte de traces : lignes, taches, dégradés... Cet exercice vous permettra d'explorer les différents possibles de vos pinceaux !

1. Le trait

Imprégnez le pinceau d'une couleur et étalez-la sur votre support (toile ou papier), pour tracer un trait. La longueur de la trace dépendra de la quantité de couleur retenue dans votre pinceau. Faites-en plusieurs, avec plusieurs couleurs.

2. Le dégradé doux

Choisissez un trait encore frais. Tracez en un d'une couleur différente, parallèlement à celui-ci. Assurez-vous que chacun des traits est propre et n'empiète pas sur l'autre. Repassez le pinceau sur ces deux traits, à plusieurs reprises. Vos coups de pinceaux doivent être longs et entraîner une partie de chaque couleur vers la couleur adjacente. Lorsque vous aurez passé le pinceau plusieurs fois sans le recharger, les deux couleurs se mélangeront dans un dégradé doux et progressif.

3. Les touches

Votre manière de peindre se ressentira dans vos touches. Si vous touchez votre support en douceur, les poils du pinceau seront peu visibles et la peinture peu épaisse. À l'inverse, en posant la couleur avec l'extrémité du pinceau, de manière assez franche, vous obtiendrez des touches plus opaques et texturées.

4. Déposer de la couleur

Peignez un petit trait jaune sur votre support. Prenez ensuite du rouge et mélangez-le au jaune sur la palette pour obtenir un ton orangé. Appliquez ce ton obtenu sur le trait jaune, d'un seul coup franc, pour éviter de le fondre dans la couche précédente. Répétez ce geste en employant de moins en moins de jaune, jusqu'à n'employer que du rouge.

NOTION N°3

LA SCHÉMA-TISATION

Voilà une notion peut-être un peu plus compliquée à comprendre que les précédentes, mais néanmoins essentielle pour se lancer dans la représentation des formes en peinture à l'huile.

La schématisation, c'est le fait de simplifier le sujet sous la forme d'élément basique ou géométrique. Cela vous permettra de très vite faire apparaître l'ensemble avant de passer au détail. Il existe plusieurs manières de schématiser. Selon les sujets, vous pouvez choisir l'une ou l'autre, ou bien toutes à la fois. À force d'expérience, vous verrez qu'il est possible de schématiser à peu près tout, très rapidement.

EXERCICE N°4

Schématiser de façon géométrique

La manière la plus simple de représenter un sujet est d'étudier ses proportions. En effet, tout ce que vous pouvez réaliser sur votre peinture est en deux dimensions : une hauteur, et une largeur. Et donc, un cadre. Voici un petit exercice pour vous entraîner. Vous pouvez tout aussi bien réaliser le même exercice en disposant deux objets simples devant vous.

1. Prenez le temps d'analyser la position de la poire au premier plan. Le bas, le haut, la gauche, la droite : cela vous donne un cadre que vous pouvez positionner. Ce n'est pas aussi simple que ça en à l'air : si votre cadre n'est pas aux bonnes proportions, votre poire sera difforme. Une fois cela fait, faites de même pour la seconde poire. À ce stade, vous devriez avoir deux cadres bien positionnés.
2. Désormais, observez les espaces entre les contours de la poire et son cadre : cela vous permettra de la tracer simplement.
3. Continuez le tracé en accentuant les ombres. À partir des cadres, vous obtenez un dessin bien proportionné et simple à réaliser.
4. Vous pouvez ensuite appliquer la technique de l'orange, p. 8, pour peindre les poires et donner du volume.

1

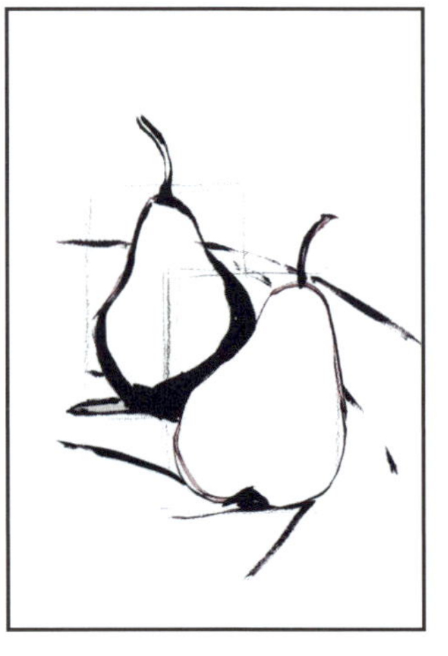
2

3

4

EXERCICE N°5

Schématiser par la couleur

Une autre approche possible, qui peut d'ailleurs être complémentaire, est de simplifier votre sujet par la couleur. Concrètement, cela revient à poser les grandes masses de couleur avant de rentrer dans les détails.

1. Commencez par dessiner vos objets succinctement.

2. Préparez les couleurs sur la palette, puis remplissez les formes avec les teintes correspondantes.

3. Vous n'avez plus qu'à ajouter quelques ombres et accents de lumière, puis à peindre le fond !

EXERCICE N°6

Schématiser par les contrastes

Lorsque votre sujet est très contrasté, il peut être intéressant de commencer par peindre directement les contrastes, avant d'y apporter couleurs puis détails.

1. En plus du dessin des objets, esquissez directement les ombres par le contour. Remplissez-les ensuite en peinture.

2. Avec des teintes beaucoup plus lumineuses, peignez les zones restées blanches.

3. Sur cette base, vous pouvez continuer d'ajouter des détails et nuances sur votre peinture.

NOTION N°4

LE MAIGRE

Au début de ce livre, nous avons évoqué les solvants comme l'essence de térébenthine ou le white-spirit. Ils servent à diluer les composants gras de la peinture. Plus vous la diluez, plus elle sera maigre.

Une fois maigre, la peinture a de nombreuses utilités. En effet, plus elle est maigre, plus elle sèche vite. La consistance maigre peut vous permettre de dessiner des formes avec légèreté, ou encore de teinter subtilement vos formes grâce à des superpositions transparentes, qu'on appelle glacis.

La peinture maigre à un autre avantage : elle permet d'aborder un processus de travail simple et efficace une fois qu'il est compris. Ce processus, c'est le gras sur maigre. Il s'agit de faire monter progressivement votre peinture en schématisant les formes, les lumières et les premières couleurs avec une matière maigre. Puis, d'apporter des couches de plus en plus grasses, pour obtenir des couleurs et des contrastes plus intenses.

EXERCICE N°7

Peindre en gras sur maigre

Pour illustrer cette notion, voici un exercice qui vous permettra de bien comprendre l'intérêt de la peinture maigre.

1. Commencez par esquisser les grandes lignes du dessin au crayon.

2. Avec une peinture très diluée, presque comme de l'aquarelle, peignez les zones d'ombre. Essayez de garder un geste énergique.

3. Avec des couleurs plus sombres, mais toujours très diluées, accentuez les contrastes sur les parties les plus sombres.

4. Préparez vos couleurs pour apporter les premières teintes. L'idée ici est de faire vibrer votre peinture, avec des couleurs transparentes, donc toujours diluées.

5. À partir de là, votre travail en « maigre » est terminé. Vous pouvez commencer à peindre avec une matière plus grasse, en commençant par le ciel par exemple.

6. Les couches maigres vous ont permis de produire le contraste et la profondeur. Apportez maintenant de la couleur grâce à des touches de peinture grasse, c'est-à-dire épaisse et peu diluées. Veillez à conserver les contrastes de votre peinture lors de cette étape.

1

2

3

4

5

6

NOTION N°5

LE GRAS ET LE COUTEAU

Ce qu'on appelle le gras, en peinture à l'huile, c'est tout simplement la peinture non diluée. Beaucoup plus couvrante que la peinture maigre, elle est aussi plus onctueuse, plus brillante et plus lumineuse. Elle sèche donc beaucoup plus lentement.

Il est également tout à fait possible de peindre directement « dans le gras ». Afin de bien comprendre comment la peinture fonctionne et réagit, nous vous encourageons, tout d'abord, à faire « monter » (voir p. 18) votre peinture en ajoutant des touches grasses sur une base maigre.

La peinture à l'huile ne se contracte pas au séchage, vos empattements resteront intacts, même après durcissement de la peinture. Avec un peu de pratique, vous pourrez ainsi créer toutes sortes de texture.

EXERCICE N°8

La paysage au couteau

Le couteau est un outil très simple, qui permet de déplacer, modeler ou empâter vos couleurs. Pour l'utiliser, il suffit de prélever votre peinture sur la palette et de l'appliquer directement sur votre support. Le couteau est très complémentaire des pinceaux puisqu'il permet des rendus qu'aucun pinceau ne peut obtenir. Vous pouvez donc combiner les deux outils en fonction de ce que vous souhaitez réaliser. Pour cet exercice, nous vous proposons de découvrir les plaisirs de l'utilisation d'un couteau pour appliquer les couleurs grasses.

1. Sur le principe de l'exercice précédent, couvrez le fond de votre support avec une peinture maigre, et esquissez le dessin avec une peinture assez sombre. Laissez sécher.

2. Le principe est très simple : il suffit de travailler par zone, de haut en bas. Préparez votre couleur sur la palette, avec votre couteau, et commencez par le ciel. Descendez progressivement, une zone après l'autre.

3. N'hésitez pas à utiliser des gestes énergiques, sans forcément recouvrir l'intégralité de chaque zone. Au premier plan, vous pouvez superposer plusieurs passages pour accentuer le sentiment de détails.

1

2

3

NOTION N°6

LES TECHNIQUES MIXTES

La couleur à l'huile est très adaptable et polyvalente. Elle peut être mélangée à toutes sortes de médiums qui pourront ensuite influencer son rendu. Elle peut même être directement combinée à d'autres techniques comme la peinture acrylique.

L'acrylique est une peinture qui sèche beaucoup plus rapidement que l'huile, et offre une très bonne accroche. En plus d'être un très bon enduit, elle peut aussi être utilisée pour les premières touches de couleurs et ainsi faire gagner du temps de séchage.

Elle est aussi utilisée pour créer de la texture. Vous avez déjà certainement observé des peintures qui présentent de fortes épaisseurs. Il est probable qu'elles aient été réalisées avec des matières acryliques, puis couvertes d'huile !

EXERCICE N°9

Le lion

Voici une peinture qui utilise de l'acrylique, le pinceau, le couteau, et bien sûr, de l'huile. L'acrylique nous permet ici de réaliser un fond coloré, pour ne pas partir d'une toile blanche, ainsi que les premiers contrastes de notre tableau.

1. Pour cette peinture, un fond gris est réalisé à l'acrylique. Sur le principe de l'exercice 6 (p. 16), les couches maigres sont également réalisées à l'acrylique. Ces premières couches vous permettront de construire vos contrastes.

2. Sur cette base, vous pouvez ensuite commencer à peindre à l'huile. À ce stade, posez vos premières touches de couleurs intermédiaires en veillant à conserver les contrastes construits à l'étape précédente.

3. Renforcez les contrastes de votre peinture en ajoutant plus de lumière. Rappelez-vous qu'il faut peindre du plus maigre au plus gras.

4. Posez une couleur sur le fond avant de finaliser votre peinture. Les dernières touches vous permettront d'affiner les contrastes et les détails. Vous pouvez utiliser un couteau pour rajouter de la matière et renforcer les lumières.

1

2

3

4

NOTION N°7

LE GLACIS

Le glacis est une couche fine et transparente de peinture très diluée, qui permet d'enrichir les couches sous-jacentes sans les recouvrir.

Cette méthode permet d'ajuster la couleur ou la luminosité, d'ajouter de la profondeur ou de modifier le ton d'une peinture. Grâce à elle, on obtient de très grandes subtilités visuelles, avec des effets riches et complexes.

Pour réaliser des glacis, il faut attendre que la couche de peinture précédente soit complètement sèche. Cette technique implique donc une certaine lenteur. Vous pouvez envisager d'utiliser de la peinture acrylique (p. 22) pour vos premières couches, car sa rapidité de séchage vous permettra de travailler et de vous entraîner plus rapidement !

EXERCICE N°10

La technique de la grisaille

1. Sur un support apprêté en gris, commencez par peindre votre grisaille par les contrastes les plus forts avec une peinture sombre.

2. Marquez ensuite les accents de lumière avec des touches de peinture à l'huile blanche.

3. Peignez ensuite les contrastes intermédiaires avec des nuances de gris.

4. Peignez le fond et affinez vos contrastes. Quand vous êtes satisfait de votre grisaille, laissez-la totalement sécher.

5. Préparez un glacis d'une teinte ocre, et appliquez-le finement pour teinter le visage.

6. Nuancez ensuite votre portrait avec de subtils glacis d'ocre rouge (front, nez, bouche, oreille, œil). Appliquez un glacis de la couleur de votre choix sur le fond.

7. Continuez à nuancer la couleur de votre visage jusqu'à obtenir une teinte de peau riche et vibrante.

8. Pour finir, ajuster la lumière avec une couleur de peau plus claire. Ne recouvrez pas toute votre peinture, il s'agit simplement de renforcer les accents marqués en étape 2.

NOTION N°8

LE MODELÉ

Modeler, c'est travailler une matière, comme l'argile, pour créer une forme ou une figure en trois dimensions. En peinture, c'est la même chose, sauf qu'on utilise des variations de couleurs et de tons pour créer l'illusion de la forme et du volume sur un support plat.

En ajustant la lumière et l'ombre, vous pourrez donner une apparence tridimensionnelle à vos sujets, quels qu'ils soient.

EXERCICE N°11

Modeler un portrait

L'exercice du portrait est idéal pour s'initier à l'art délicat du modelé. Cet exercice repose sur le principe du gras sur maigre vu dans l'exercice 7 (p. 18). Le plus important pour réussir cet exercice est de prendre le temps de poser des contrastes marqués avec une peinture maigre. Cette première couche vous donnera une assise solide pour créer les modelés de votre portrait.

1. Sur un support apprêté en beige, esquissez votre portrait au crayon. Puis, peignez les contrastes en couche maigre comme dans l'exercice 7.

2. Posez ensuite vos bases de couleurs avec de larges touches de pinceau. Conservez les contrastes de l'étape précédente dans les ombres pour ne pas perdre vos contrastes.

3. Peignez un fond de la couleur de votre choix pour faire ressortir votre portrait.

4. À partir de cette étape, l'idée est de renforcer les contrastes de votre peinture avec des touches de couleurs de plus en plus fines. Commencez par renforcer vos lumières avec une des touches de peinture plus claire.

5. Nuancez votre portrait avec de fines touches de couleur. Posez quelques touches de rouge sur l'ombre des joues, du nez et du front. Posez ensuite vos lumières les plus fortes avec des touches claires.

6. Continuez à affiner les transitions avec des touches de peinture plus fines. Alternez contrastes et nuances comme aux étapes précédentes pour modeler votre portrait touches après touches.

1

2

3

4

5

6

EXERCICE N°12

Modeler le corps

La peinture du corps est un exercice fascinant pour exercer votre sens du modelé. C'est un véritable challenge : vous ne le réussirez probablement pas du premier coup, mais à chaque nouvelle peinture vous exercerez votre sens des contrastes, des volumes, des lumières et des nuances !

1. Pour commencer, dessinez le corps au crayon ou avec une peinture très diluée. Servez-vous des contrastes comme vu dans l'exercice 6 (p. 16) pour esquisser l'essentiel de la silhouette sans vous perdre dans les détails.

2. Sur cette base, vous pourrez poser les tons intermédiaires : ni les plus foncés, ni les plus clairs. Observer les différentes nuances sur la page de droite. Veillez à conserver les contrastes construits à l'étape précédente. Pour cela, appliquez des couches de peintures plus fines dans les ombres afin de ne pas les recouvrir totalement.

3. La dernière étape consiste à pousser les contrastes, avec des lumières et des ombres plus franches et à affiner les transitions entre les couleurs avec des touches de pinceau de plus en plus fines.

POUR ALLER PLUS LOIN

Regarder les autres

Une fois que vous aurez réalisé vos premiers pas avec la peinture à l'huile, vous comprendrez rapidement que vous venez d'entrer dans un monde de possibilités immenses et sans fin.

Pour accompagner vos découvertes et vous aidez à progresser dans votre pratique, les autres sont vos meilleurs alliés. De Vinci, Van Gogh, Monet ou Matisse, ces peintres qui, à travers les âges, ont fait l'histoire de la peinture, mais aussi vos contemporains, qui habillent les murs des galeries.

Chaque visite de musée ou d'exposition vous apportera son lot d'apprentissage : observez attentivement les détails, les textures créées par les différentes couches et empâtements, les nuances de couleurs ou les compositions.

Lorsque vous êtes séduit par une image, essayez de la reproduire, même succinctement. Elle vous permettra d'approfondir votre compréhension et d'ouvrir votre esprit à de nouvelles possibilités.

À vous de jouer

Félicitations d'être arrivé jusque-là ! Il faudrait bien plus qu'un livre pour vous partager tout ce que la peinture à l'huile peut vous offrir. Pour continuer de progresser rapidement, n'hésitez pas à refaire les exercices proposés dans ce livre, en variant les sujets. Commencez par des sujets simples pour vous familiariser avec vos outils et aller plus loin dans votre technique. Ensuite, essayez de sortir de votre zone de confort et de tenter des choses nouvelles.

Comme pour toute discipline, la clé réside dans la pratique régulière. Plus vous y consacrerez de temps, plus vous progresserez. Mais ne vous découragez pas si vous rencontrez des difficultés ou si vous n'êtes pas satisfait de vos résultats immédiats. Apprenez de vos erreurs et ne cherchez pas absolument à réaliser un chef d'œuvre à chaque fois. C'est avec patience que vous atteindrez vos objectifs. La pratique artistique est un voyage personnel, profitez-en !

DANS LA MÊME COLLECTION

Les éditions Mango

Des auteurs spécialistes, des créations uniques

Des ouvrages réalisés en France par des équipes passionnées

Des objets de qualité conçus pour durer

Des livres pour toute la vie !

Retrouvez-nous sur Instagram
et sur Facebook : **@mangoeditions**